W0300437

Collection dirigée par
Arielle Picaud

Dans la même collection :
Au temps des jardins médiévaux, Sonia Lesot.

Réalisé par l'atelier graphique Éditions du Garde-Temps/Studio Mag Net.
Assistante d'édition : Julie Rochette
Secrétaire de rédaction réviseur : Michel Wechsler

Modèle déposé. Tous droits de traduction et d'adaptation - réservés pour tous pays.
Copyright © Éditions du Garde-Temps® Studio Mag Net, Paris, 2002.
Achevé d'imprimer en Espagne.
Dépôt légal : mars 2002.
ISBN : 2-913545-06-8

Secrets et magie des herbes du jardin

Michel Pierre
de l'herboristerie du Palais-Royal

Patrice Taravella
de la Table d'Orsan

Michel Le Louarn
photographies

ÉDITIONS DU GARDE-TEMPS

Un métier en herbe

Le métier d'herboriste existe depuis l'aube de l'humanité et est antérieur à la médecine. Mais le savoir de l'herboriste a souvent été assimilé à une certaine magie et combattu par les autorités en place.

Le statut de la profession a été défini sous Napoléon Ier : l'herboriste, au même titre que le pharmacien, est autorisé à vendre et à mélanger les 700 plantes médicinales de la nomenclature française.

En 1927, la Fédération nationale des herboristes rénove l'enseignement et un diplôme d'État est créé. Mais, le 8 septembre 1941, le gouvernement de Vichy supprime ce diplôme, laissant la possibilité aux titulaires d'exploiter une officine en herboristerie. Cette loi est une énigme pour beaucoup. Sur les 4 500 diplômés d'alors, il n'en reste aujourd'hui qu'une dizaine.

Néanmoins, quelques irréductibles, dont je fais partie, ont trouvé le moyen de contourner la loi : suite à un procès qui a fait jurisprudence, toute personne compétente en plantes médicinales peut exploiter une herboristerie en association avec un herboriste diplômé avant 1941. Évidemment, cette tactique n'aura qu'un temps.

Une situation paradoxale

Si les années 50-60 ont vu le triomphe de la chimie avec la multiplication des médicaments, le courant écologique des années 70 a remis à l'ordre du jour les thérapeutiques utilisant les plantes. La consommation des plantes médicinales a connu une forte croissance. En France, la demande de soins par les plantes a doublé depuis dix ans. Pourtant, elle demeure l'un des rares pays européens à ne plus former d'herboriste, alors qu'ils sont 5 000 en Allemagne, 4 à 5 000 en Italie !

Le métier d'herboriste ne s'improvise pas, c'est une profession à part entière. L'herboriste doit connaître les propriétés de 500 plantes et être capable de conseiller le public.

Le marché des plantes médicinales

Il représente en France un volume de 26 000 tonnes, toutes utilisations confondues : pharmacie, herboristerie, cosmétique…

Les grandes régions de production sont le Midi, l'Auvergne, le Maine-et-Loire et la région de Milly-la-Forêt.

Pour faire face à une demande sans cesse croissante, la France doit se tourner vers l'étranger pour assurer son approvisionnement en plantes médicinales. Ainsi, 70 % des plantes consommées sont importées. Elles proviennent essentiellement d'Europe de l'Est, de Chine, de Turquie, de Grèce, d'Égypte, du Maroc, d'Afrique Noire et d'Amérique du Sud. ■ **Michel Pierre**

Angélique

Angelica archangelica

Famille des ombellifères

Jardin pratique

Vivace

Description :
tiges creuses et finement striées de 20 cm à 2 m de haut, larges feuilles dentées, fleurs blanches en ombelles, fruits ovales, allongés et aplatis.

Reproduction :
semis en mars, repiquage en septembre.

Culture :
terre légère, non argileuse.

Durée de la culture :
trois ans, la floraison ne se produisant que la dernière année.

Exposition et ambiance :
lieux humides et légèrement ombragés.

Récolte :
ne pas toucher avec les mains nues, cueillette des feuilles en mai-juin, ramassage des tiges (la deuxième année) en juin-juillet.

« [...] croquer un morceau d'angélique de Niort avec une bouchée de brioche quasi brûlante [...] distiller en la bouche quelques gouttes de la liqueur d'angélique [...] Pour peu que la pièce soit vaporisée d'un parfum frais et léger, verveine ou citronnelle, on saura quelle béate jouissance peut donner un discret sybaritisme. »

Austin de Croze (1866 - 1937), écrivain et gastronome

Noms populaires :
angélique de Bohême
ou des jardins,
archangélique,
herbe aux anges,
herbe du Saint-Esprit.

Son parfum
est très musqué.
Sa saveur est âcre
et piquante.

L'angélique est surtout employée en confiserie et en pâtisserie. Les bâtons d'angélique, coupés en petits morceaux puis plongés dans un sirop de sucre, décorent les pognes (brioches du Dauphiné) et les gâteaux des Rois. On réalise également des confiseries avec les pétioles des fleurs.

Le point de vue de l'herboriste

En cas de fatigue générale, l'angélique aide les convalescents à se rétablir. On l'utilise pour ses propriétés toniques, fortifiantes et équilibrantes. Stomachique, elle calme l'hyperacidité.
Elle apaise la toux des fumeurs et calme les bronchites.
Il faut faire attention toutefois au jus toxique et caustique qu'elle sécrète, qui peut s'avérer dangereux. La racine d'angélique entre dans la composition de nombreuses préparations, tel l'alcool de mélisse, et dans certaines liqueurs comme la Bénédictine ou la Chartreuse.

Originaire des régions montagneuses du nord de l'Europe, l'angélique fut introduite en France par les Vikings et cultivée par les moines. Cette belle plante croît spontanément au bord des ruisseaux de Scandinavie.
Dans le rôle du messager, l'archange Raphaël, guide des médecins et des voyageurs, aurait fait connaître l'angélique aux hommes.
Cette plante a toujours joué un rôle protecteur. Vers 1450, le poète François Villon et ses amis, acharnés joueurs de cartes des tripots parisiens, portaient toujours sur eux une racine fraîche d'angélique pour appeler la chance.

Vin d'angélique
- 2 cuillères à soupe de racines d'angélique coupées
- 1 pincée de cannelle
- 1 pincée de noix de muscade

Laisser macérer l'angélique, la cannelle et la noix de muscade dans 1 litre de vin blanc ou rouge pendant une semaine. Agiter de temps en temps. Filtrer. Ajouter 100 g de sucre. Un verre bu avant le repas redonnera de l'énergie aux personnes fatiguées.

Liqueur d'angélique
- 30 g de tiges d'angélique fraîchement coupées
- 30 g d'amandes broyées

Laisser macérer pendant une semaine, dans 1,5 l de cognac, l'angélique et les amandes en agitant de temps en temps. Filtrer en exprimant bien. Ajouter au liquide obtenu 800 g de sucre et agiter jusqu'à dissolution. Un petit verre de liqueur bu après le repas facilitera la digestion.

Basilic

Ocymum basilicum

Famille des labiées

Jardin pratique

Annuelle

Description :
environ 30 cm de hauteur,
feuilles vertes et ovales,
fleurs à corolles blanches,
roses ou lilas,
réunies en épis terminaux.

Reproduction :
semis ou boutures
au printemps.

Culture :
dans le Midi, semer
en avril-mai en pleine terre,
en pot ou jardinière
(sous châssis dans le reste
de la France).

Durée de la culture :
jusqu'en automne,
la récolte commence
deux mois après le semis.

Exposition et ambiance :
plein soleil,
arrosages copieux.

Récolte :
juillet-août,
les sommets des tiges
en pleine floraison.

Noms populaires : grand basilic, basilic romain, basilic aux sauces, oranger des savetiers, herbe royale. En Provence, on le nomme « pistou ».

L'huile essentielle obtenue par distillation a une légère odeur d'estragon citronné. À la floraison, la qualité d'essence augmente dans les fleurs et diminue dans les feuilles ; à la maturité des fruits, c'est l'inverse qui se produit.

Il existe plus de cent variétés de basilic, les plus connues sont le basilic grand vert - le plus utilisé en cuisine - et le basilic fin vert, employé pour la décoration des bordures de jardins.

Le point de vue de l'herboriste

Actuellement, le basilic est cultivé pour la cuisine bien sûr, mais aussi pour la médecine et l'industrie des parfums.
Ses sommités fleuries contiennent des huiles essentielles.
Il a des propriétés toniques et antispasmodiques.
De plus, ses substances actives sont efficaces contre les maux gastriques : il soulage les crampes d'estomac et c'est un antiseptique intestinal. Le jus de feuilles fraîches est un vermifuge réputé.
Le basilic aide à lutter contre le stress, les angoisses et les insomnies. Il soulage aussi les migraines d'origine digestive ou nerveuse.

En latin *ocymum*, « plante à parfums », et *basilicum*, « royal », le basilic, originaire d'Inde, s'est largement répandu autour de la Méditerranée. Dans l'Antiquité, cette plante odoriférante dont on avait constaté les vertus thérapeutiques était un remède à tous les maux. Dans le monde orthodoxe, elle est toujours associée à des rites religieux ou magiques et l'on ne doit pas la cuisiner. En revanche, en Europe occidentale, elle est surtout utilisée comme condiment, par exemple dans le *pesto* de Gènes, qui accompagne les pâtes, ou encore dans la soupe au pistou, en France.

Le basilic est cultivé pour son essence, riche en estragol, et parfois en thymol. Il est recommandé de l'utiliser frais, car il perd toutes ses propriétés au séchage.

Dans certains rites de protection des plantes aromatiques, les anciens cueillaient les parties aériennes de la plante en lune croissante, le matin à l'aube, les racines en lune décroissante, le soir après le coucher du soleil, pendant le « sommeil » de la plante, pour ne pas effrayer l'« esprit » du végétal. Pour leurs pratiques de magie, des sorcières inversaient ces moments de la cueillette.

Les Romains pensaient que le basilic éveillait l'amour ; d'ailleurs, on retrouve cette croyance en Inde, son pays d'origine. Ses vertus érotiques et fécondantes sont à l'origine de diverses coutumes : ainsi, dans certaines régions balkaniques, on cache quelques feuilles de basilic dans le corsage de la mariée ou dans sa coiffure. Il accompagne toujours les jours heureux de la vie, c'est pourquoi on ajoute des feuilles de basilic frais ou séché dans le premier bain du bébé, à qui le basilic assurera également séduction, honnêteté et amabilité.
Dans le monde byzantin, le basilic était – et est toujours – la plante sacrée qui purifie les nouveau-nés, protège les mariés et guide les morts dans l'au-delà.

Ces plantes qui nous soignent

Depuis des millénaires, les hommes ont découvert l'usage des plantes qui les environnent et n'ont cessé d'expérimenter leurs effets. Dans la Grèce antique, quatre savants revêtent une importance particulière pour l'évolution de la botanique médicale. Hippocrate a recensé trois ou quatre cents plantes et préconisé des traitements simples, confiant dans la capacité du corps humain à se guérir lui-même. Aristote a énoncé les propriétés thérapeutiques des herbes médicinales connues à son époque. Théophraste, philosophe botaniste, a décrit dans son *Histoire des plantes* de nombreuses herbes grecques et étrangères. Dioscoride est le père fondateur de la médecine et de la botanique. Son traité *Sur la matière médicale* fut la référence jusqu'à la Renaissance. à Rome, Pline l'Ancien a rassemblé dans son *Histoire naturelle* les traités de botanique et de médecine rédigés par les Grecs. Il en a conclu que les végétaux sont nécessaires à l'homme et que les plantes ont été créées pour satisfaire ses besoins. Elles doivent donc toutes posséder des vertus thérapeutiques. Au Moyen âge, Paracelse, médecin suisse, a exposé dans sa Doctrine des signatures les similitudes entre certaines plantes et certains organes. Les plantes montrent l'image ou la signature de leurs pouvoirs. Par exemple, une feuille en forme de cœur peut servir de remède cardiaque. Le millepertuis, dont les feuilles sont perforées, suggère une plaie et son suc rappelle le sang. Il sera donc un remède contre les blessures et les brûlures.
Associées à la sorcellerie, ces connaissances sur les plantes, issues des écrits grecs et romains, ont malheureusement longtemps été tenues en suspicion. Mais aujourd'hui, l'engouement du public pour les médecines douces redonne un nouvel élan à la pharmacopée traditionnelle.

Agneau en croûte au basilic

Poser au centre de la feuille de brick la feuille d'oseille, puis l'agneau. Déposer dessus une grosse cuillère à café de pesto. Réaliser une aumônière en refermant la feuille avec un mouvement tournant et la maintenir close avec deux piques en bois. Faire cuire environ 10 min au four à 180 °C, jusqu'à l'obtention d'une croûte dorée. Servir avec des pommes de terre grenaille (avec la peau) pochées et gratinées au four avec du parmesan. Ajouter dans l'assiette un peu de pesto légèrement dilué dans de l'eau ou du bouillon chaud.

Ingrédients par personne

- 1 feuille de brick
- 1 feuille d'oseille lavée et séchée (côte enlevée)
- 120 g de filet ou d'épaule d'agneau
- Pesto

Pesto de Gènes

Mettre 40 feuilles de basilic dans un mortier avec 1 poignée de pignons de pin légèrement grillés, 1 gousse d'ail et 1 pincée de gros sel. Piler les ingrédients en ajoutant graduellement 1 cuillère à soupe de fromage de brebis et 1 cuillère à café de parmesan râpé. Continuer de travailler l'ensemble pour former une pommade d'un beau vert. Verser peu à peu 1 demi-verre d'huile d'olive en mélangeant, jusqu'à l'obtention d'une crème.

Pistou à la provençale

Écraser dans un mortier 40 feuilles de basilic avec 3 gousses d'ail et 1 demi-verre d'huile d'olive.

Bourrache

Borrago officinalis

Famille des borraginacées

Jardin pratique

Annuelle

Description :
tige cylindrique velue
de 50 cm environ,
feuilles grandes et ovales
également couvertes de poils,
fleurs en étoile
d'un bleu exceptionnel.

Reproduction :
semis au printemps.

Culture :
aime les terrains azotés,
éclaircir dès
la formation des pieds.

Exposition et ambiance :
ensoleillée,
terrains légers.

Récolte :
cueillir les sommités fleuries
dès la floraison,
faire ensuite sécher
en bouquets
dans un endroit ventilé.

La bourrache n'est citée dans aucun texte de l'Antiquité. Son nom serait, pour les uns, dérivé de l'arabe *abu rach* qui signifie « père de la sueur », allusion à ses vertus sudorifiques ; pour d'autres, son nom viendrait du latin *burra*, qui désigne une étoffe grossière en laine. Cette plante serait originaire d'Orient, aurait été rapportée par les Croisés et se serait ensuite répandue en Europe et en Amérique.
Dans ses écrits, l'agronome Olivier de Serres la mentionne avant tout comme plante potagère.

« Cette plante rustique est capable d'endurer patiemment la négligence du jardinier. »

Olivier de Serres, Théatre d'agriculture et mesnage des champs *(1600)*

Noms populaires : borage, langue-de-bœuf, boursette, bourrêche, chou bourrache.

Les jeunes feuilles possèdent une légère saveur de concombre.

La bourrache velue ne pique pas. Il ne faut pas la confondre avec la vipérine, sa cousine.

La bourrache est une plante mellifère : son nectar est prélevé par les abeilles. Avec ses fleurs d'un beau bleu, les anciens faisaient une liqueur. Au XVIIe siècle, l'agronome Jean de La Quintinie, directeur des jardins fruitiers et des potagers des maisons royales, la rangeait au nombre des plantes d'assaisonnement pour la table. Cet usage ne s'est pas complètement perdu. Mêlées aux fleurs de capucine, les fleurs de bourrache décorent joliment les salades.

Le point de vue de l'herboriste

La bourrache est un remède contre la fièvre. Elle soulage grâce à son action fébrifuge et sudorifique en cas de rougeole ou de grippe. Elle est aussi émolliente. Cueillie fraîche, broyée et pressée, la bourrache est diurétique ; c'est un excellent dépuratif de printemps et elle éclaircit le teint. En décoction, elle est anti-inflammatoire. Elle calme la toux en cas de bronchites, trachéites ou rhumes. Les anciens disaient qu'elle calmait la mélancolie. Formulation poétique pour qualifier les vertus de cette plante !

Figues caramélisées au miel et à la bourrache

Faire infuser pendant une heure les fleurs de bourrache dans le miel maintenu chaud au bain-marie. Filtrer. Mettre le miel filtré dans une poêle avec les figues, dont on aura au préalable incisé en croix la partie effilée. Arroser continuellement les figues en versant le miel de la poêle dans l'incision des fruits pour cuire et parfumer l'intérieur. Quand les figues sont cuites, les retirer délicatement de la poêle et réserver. Verser le jus de l'orange dans la poêle et faire cuire doucement, jusqu'à l'obtention d'un sirop. Servir les figues arrosées de sirop et accompagnées de fleurs de bourrache fraîches.

Ingrédients par personne

- 20 fleurs de bourrache
- 50 g de miel
- 3 figues
- 1 orange

Fleurs candies

Les fleurs de bourrache sont comestibles et servent à faire des beignets. Traditionnellement, elles sont cristallisées dans le sucre. Elles décorent remarquablement les pâtisseries. Toutes les fleurs gracieuses dans leurs formes et comestibles peuvent être cristallisées comme la fleur du seringat, de l'acacia, du pêcher, du cerisier ainsi que les primevères, les pensées et les roses. Les fleurs en sucre candi peuvent accompagner le café.

Chicorée sauvage

Cichorium intybus

Famille des composées

Jardin pratique

Vivace

Description :

herbacée à tige droite
de 60 à 80 cm de hauteur,
divisée en rameaux,
feuilles dentées découpées
en segments anguleux,
fleurs bleu violacé
de juillet à septembre.

Reproduction :

semis au mois de mai.

Culture :

se contente de terrains
caillouteux et de talus,
aime les sols argilo-calcaires.

Exposition et ambiance :

ensoleillée,
dans un endroit bien dégagé,
préfère les terrains secs.

Récolte :

ramasser les feuilles
de juin à septembre
lorsqu'elles sont encore jeunes
et les racines en octobre,
les faire sécher dans un endroit
chaud et aéré.

Noms populaires : chicorée commune, chicorée amère, barbe-de-capucin, œil de chat.
La chicorée sauvage, appelée aussi « laideron », compense son allure squelettique et sa raideur par la beauté de ses fleurs.

L'œil de chat

La chicorée sauvage tire son nom du latin *cichoreum*, « chicorée », et de *intybum*, « chicorée sauvage ». Cette plante pousse dans toute l'Europe, en Asie du Nord et en Afrique. Elle est très sensible à la lumière et ses fleurs se referment le soir ou par temps pluvieux. La chicorée sauvage contient un latex blanc extrêmement amer, aussi est-il conseillé de ramasser ses feuilles avant la floraison, car elles ne sont plus comestibles après. Cultivée dans les jardins, cette plante populaire a donné naissance à de nombreuses variétés potagères : scarole, endive, frisée.

Influences cosmiques
Un pied de chicorée sauvage cueilli après la pleine lune des jours caniculaires et arraché de terre avant le lever du soleil est un puissant protecteur contre les maléfices en tout genre.
Si la cueillette se fait la nuit de la Saint-Jean, dans un silence absolu, avec un couteau en or, cette plante aura vraiment un pouvoir exceptionnel : ses feuilles ouvriront n'importe quelle serrure.

Le point de vue de l'herboriste

Cette plante est l'amie du foie, elle a des propriétés cholérétiques, diurétiques et légèrement laxatives. Elle contient des sels minéraux et des vitamines B, C, P et K. Les racines découpées et torréfiées conjuguent tous les bienfaits de cette plante digestive, dépurative et stimulante. On recommande la chicorée aux goutteux ayant un tempérament bilieux. Totalement inoffensive, elle jouit toujours, dans la médecine populaire, d'une grande réputation.

La « chicorée à café » provient de certaines variétés de chicorées sélectionnées pour la grosseur de leurs racines. Ces dernières sont torréfiées après séchage. La chicorée existe moulue, liquide ou en grains. La coutume de boire de la chicorée remonte au XVIIIe siècle. C'est une boisson amère et très colorée. Employée comme succédané du café, elle ne possède pas ses propriétés stimulantes et peut servir de remède aux personnes qui souffrent de troubles du foie.

La barbe-de-capucin
Repiquée dans un endroit privé de lumière, la chicorée sauvage donne une variété améliorée, tendre, blanche et légèrement amère que l'on consomme en salade ; la barbe-de-capucin peut également être confite dans le vinaigre.

La poudre de chicorée peut s'enflammer spontanément si elle est emmagasinée en grande quantité.

Ciboulette

Allium schoenoprasum

Famille des liliacées

Jardin pratique

Vivace

Description :
petites touffes serrées
d'environ 15 cm de hauteur,
bulbe ovale,
feuilles vertes et pointues,
fleurs roses ou violacées.

Reproduction :
par semis et
division des touffes,
les graines germent en
une douzaine de jours.

Culture :
diviser les touffes
pour les aérer,
couper régulièrement
pour plus de vigueur.

Durée de la culture :
quatre à cinq ans.

Exposition et ambiance :
se plaît dans les sols
et sous un climat frais.

Récolte :
selon les besoins
d'avril à novembre,
se conserve en cave en ayant
soin d'enterrer les racines
dans du sable.

Noms populaires : ail sauvage, civette ou appétit. C'est une plante alpine cultivée dans les jardins depuis le XIe siècle. Ciboule et ciboulette sont souvent appelées « fines herbes ».

La ciboulette tire son nom du latin *cepula* qui signifie « petit oignon ». Elle pousse en bouquets. Il en existe plusieurs variétés, dont certaines sont exotiques, comme la ciboulette chinoise qui dégage une forte odeur d'ail.

« L'ail fait fuir les serpents, les scorpions,
les araignées, l'ail tue les vermines
que nous avons dans le corps,
écarte les vents d'estomac,
l'ail est la dernière ressource de l'homme. »

Batisto Bonnet (1872-1922), écrivain provençal

Le point de vue de l'herboriste

La ciboulette ou civette est une variété d'ail cultivée pour la finesse de son parfum en cuisine. Stimulante, on l'utilise en cas de fatigue générale. Elle possède des qualités antiseptiques et cicatrisantes. Antiseptique intestinal, elle agit également contre les bronchites et les grippes. Anticholestérol et stimulant circulatoire, elle lutte contre l'hypertension artérielle. Ses usages thérapeutiques sont proches de ceux de l'ail, mais la ciboulette est mieux tolérée par les estomacs sensibles.

Fromage blanc à la ciboulette

Prévoir 75 g de fromage blanc brassé et une demi-échalote par personne. Mélanger fromage, échalotes finement hachées et une grosse botte de ciboulette coupée en fins tronçons. Déposer le fromage blanc dans chaque assiette en lui donnant une forme de cratère. Arroser de jus de citron, d'huile d'olive et moudre du gros sel. Parsemer l'ensemble avec de fines rondelles d'échalotes, des tiges de ciboulette et des fleurs de ciboulette chinoise.

Appartenant à la même famille que l'ail et l'oignon, la ciboulette a une saveur plus fine et plus discrète. Originaire d'Asie centrale, connue pour ses vertus curatives, elle est très utilisée dans la cuisine asiatique.

La ciboulette est le modèle réduit de la ciboule. Elle n'a pratiquement plus de bulbe. Le nom latin de la ciboulette, *allium schoenoprasum*, vient de *allium*, « ail », *schoenus*, « jonc », et *prasinus*, « vert de poireau ».

Une grande famille

Dans la famille des « allium », je voudrais :
- les ails sauvages, dans les champs, les vignes, les montagnes ;
- l'ail commun à enveloppe blanche, l'ail rose hâtif à enveloppe rose, et l'ail rouge à enveloppe rouge, sur les marchés et dans les jardins ;
- l'ail rocambole, d'Espagne ;
- la ciboule, qui pousse, à l'état sauvage, en Sibérie ;
- la ciboulette, sur les montagnes d'Europe ;
- l'ail d'Orient qui ressemble au poireau ;
- les oignons, légumes sacrés en Égypte ;
- les poireaux, proches de la ciboulette ;
- l'échalote, de la ville d'Ascalon, cité des Philistins.

Les pouvoirs magiques accordés à l'ail remontent à fort longtemps. Déjà dans l'*Odyssée*, l'épopée d'Homère, Hermès conseilla à Ulysse de recourir à l'ail pour échapper aux enchantements de Circé qui avait transformé ses compagnons en pourceaux.

Contre le mauvais œil

De l'Inde à Bornéo en passant par la Grèce, nombre de traditions populaires liées à l'ail persistent.
L'ail protège du mauvais œil, des influences néfastes et des agressions.
Pour éloigner les serpents de leurs troupeaux, les bergers des Carpates se frottent les mains avec de l'ail béni avant de traire.
En Suède, on attache une gousse d'ail au cou des animaux pour les protéger des *trolls* et des méchants lutins qui vont traire le bétail et blesser les chevaux. À Bornéo, l'ail a le pouvoir de retrouver les âmes perdues. En Sibérie, il permet de percevoir les âmes des femmes mortes en couches. En Europe centrale, on accrochait des bouquets de fleurs d'ail au montant du lit...
Même les « sorcières » l'utilisaient pour repousser les fantômes.
Les prêtres non plus n'échappèrent pas à cette superstition. À l'aide d'un bouquet d'ail, de prières et de la croix, ils exorcisaient les « possédés » pour les délivrer de leurs démons, ces esprits mauvais ou anges déchus qui, dans la religion, veulent briser l'homme et le soumettre à leur domination.
De même que l'ail, le houx, l'aubépine et la grande carline (chardon), cloués sur les portes, défendent l'entrée des maisons aux sorciers.

« L'ail repousse les serpents et protège de la folie. »

Pline l'Ancien

Estragon

Artemisia dracunculus

Famille des composées

Jardin pratique

Vivace

Description :
touffes de tige dressées,
70 cm de hauteur,
feuilles étroites
en forme de lance,
petites fleurs blanchâtres.

Reproduction :
par division de touffes,
l'estragon ne donnant
pas de graine ;
dès la reprise, couper l'extrémité
pour obliger la tige à se ramifier.

Culture :
en terres légères,
possible dans les régions froides,
mais couvrir les plants.

Durée de la culture :
trois ans.

Exposition et ambiance :
ensoleillée
et à l'abri du vent.

Récolte :
prélever quelques rameaux de
chaque touffe selon les besoins,
consommer frais ou
les conserver séchés ou congelés.

Noms populaires : fargon, dragon, herbe dragonne, serpentine, targon, arragone.

Bien avant qu'il n'arrive en Occident, les Arabes appelaient l'estragon *tarkhoum* et l'appréciaient particulièrement. Ce nom se transforma au XIIIe siècle en *tarcon*, puis *targon* au XVIe siècle.

La famille des composées est une très grande famille comprenant de nombreuses espèces d'armoises. Parmi elles, on trouve l'estragon, l'armoise des glaciers - plante amère et aromatique avec laquelle on fait une liqueur, le génépi -, l'armoise absinthe ou herbe-sainte des anciens, l'absinthe maritime ou absinthe de mer, l'armoise commune appelée aussi « couronne de Saint-Jean » ou « herbe aux cent goûts ».

Le point de vue de l'herboriste

Cette herbe de la féminité ou herbe d'Artémis était connue de toutes les femmes des campagnes, car elle fait venir les règles. Elle contient une huile essentielle, l'estragol, dont l'action apéritive est incontestable. En cas d'anémie, c'est un stimulant général. Digestif et carminatif, l'estragon calme les ulcères et l'aérophagie. Il favorise la sécrétion des glandes de l'estomac, calme les spasmes de l'intestin et soulage la constipation. Après un repas trop copieux, une tisane à l'estragon soulage la pesanteur digestive.

Originaire de Sibérie, l'*artemisia dracunculus,* du latin *artemisia,* armoise – d'après Artémis, nom grec de la déesse Diane –, et *dracon,* dragon. Sauvage déesse de la nature, Artémis accorde l'immortalité à ses admirateurs. Déesse des enfantements et protectrice de la vie féminine, elle protège les femmes enceintes. L'estragon ne fut cultivé par les moines qu'à partir du XVIe siècle. Il était connu sous le nom de « targon » ou « herbe-dragon ».

Crottins de chèvre à l'huile d'olive et à l'estragon

Dans un bocal à large embouchure, déposer des petits crottins de chèvre en couches successives. Recouvrir largement chaque couche avec de belles feuilles d'estragon, quelques clous de girofle, des baies rouges et de l'huile d'olive. On peut selon le goût réaliser cette conserve avec des chèvres d'affinage différent. Plus les crottins seront secs, plus longtemps il conviendra d'attendre avant de les consommer. Veiller à toujours tenir les fromages recouverts par l'huile d'olive.

Vinaigre d'alcool blanc à l'estragon

Dans une bouteille en verre, insérer plusieurs branches d'estragon bien lavé, 20 g de coriandre en grains, 1 piment rouge et remplir avec du vinaigre d'alcool blanc à 8°. Fermer et laisser macérer un mois avant de l'utiliser pour assaisonner les salades.

L'essence d'estragon

Deux gouttes d'huile essentielle d'estragon dans l'assaisonnement des salades ou des crudités permettent de lutter contre les allergies.

L'estragon, dit « herbe dragon » à cause de sa racine qui fait plusieurs tours sur elle-même dans la terre, peut remplacer le poivre, le vinaigre et le sel.

Fenouil

Foeniculum vulgare

Famille des ombellifères

Jardin pratique

Bisannuelle

Description :
tige cylindrique,
environ 2 m de haut,
un peu striée, rameuse,
très grandes feuilles
alternées, découpées ;
fleurs jaunes en ombelles
de juin à septembre,
fruits oblongs à côtes
saillantes et égales
très parfumés à l'anis.

Reproduction :
semis au printemps
ou au début de l'été,
se ressème de lui-même.

Culture :
terre bien meuble,
craint les gelées.

Exposition et ambiance :
plein soleil,
arrosages fréquents
et copieux.

Récolte :
tiges et feuilles
du printemps à l'automne,
bulbes à l'automne.

Noms populaires du fenouil : fenouil doux, fenouil commun, fenouil des vignes et aneth doux.
Noms populaires de l'aneth : fenouil bâtard, fenouil puant, faux anis, cumin.

« Le fenouil fait en nous quatre effets différents.
Il purge l'estomac, il augmente la vue,
De l'urine aisément il procure l'issue,
Du fond des intestins, il fait sortir les vents.
Mais sa graine a surtout la vertu singulière
De les pousser par le derrière. »

École de Salerne (Italie), XIe-XIIe siècles

Sirop des cinq racines
- 30 g de racines d'ache
- 30 g de racines d'asperge
- 30 g de racines de fenouil
- 30 g de racines de fragon
- 30 g de racines de persil
- 700 g de sucre de canne

Verser 1 litre d'eau sur les racines, laisser macérer pendant douze heures. Filtrer. Faire cuire avec le sucre jusqu'à clarification. Prendre 2 cuillères à soupe dans 1 grand verre d'eau plusieurs fois par jour, pour éliminer l'excès d'eau dans l'organisme et combattre la cellulite.

Le point de vue de l'herboriste

Le fenouil fait partie des semences carminatives chaudes comme le carvi, l'anis et le cumin, préconisées pour combattre l'aérophagie et les ballonnements. Ces semences sont toutes stimulantes, apéritives, stomachiques, carminatives et galactogènes. Le fenouil est très efficace dans les cas de digestion difficiles et d'aérophagie. La racine entrait dans la composition du sirop des cinq racines, ancienne préparation diurétique. Elle a une action désinfiltrante.

Betterave crapaudine

Éplucher une betterave et demie par personne et les disposer dans une casserole. Recouvrir avec un mélange d'eau et de vin blanc sec à parts égales. Une fois cuites, réserver et laisser refroidir. Faire cuire du fenouil (compter un demi-fenouil par personne) dans de l'eau salée. En découper ensuite cinq fines lamelles par personne, déposer dans un plat, arroser de jus de citron et réserver. Pour servir, napper chaque assiette avec la sauce (voir ci-contre), déposer la betterave crapaudine dessus accompagnée des lamelles de fenouil et éventuellement ajouter une cuillère à café d'œufs de saumon. Accompagner avec une tige hachée de feuille de fenouil ou d'aneth.

Pour la sauce : couper en morceaux une demi-betterave et passer au mixeur avec 2 branches d'aneth, 1 cuillère à soupe de crème fraîche, 1 cuillère à café de moutarde forte, 1 cuillère à café de sucre semoule et 1 pincée de sel. Il faut obtenir une sauce onctueuse et homogène. Si la sauce est trop épaisse, ajouter un peu de bière.

Comment reconnaître l'aneth et le fenouil ?
Aneth : annuel, fruits plats, odeur forte peu agréable.
Fenouil : bisannuel, fruits ovoïdes, odeur fine et pénétrante.

Au Moyen Âge, on mangeait surtout des racines et des bouillies d'avoine. Heureusement, les connaissances botaniques des anciens étaient conservées par les moines bénédictins. Le fenouil faisait partie de ces plantes cultivées dans les jardins des monastères. Pendant la Renaissance, Catherine de Médicis amena à la cour un nouvel art de vivre. Par l'apport de spécialités culinaires venues d'Italie, la cuisine française se transforma et évolua. On se mit à parfumer et à aromatiser les plats, l'ail fit son apparition et on découvrit de nouvelles herbes aromatiques comme le basilic, la marjolaine et la sauge, qui s'imposèrent sur les herbes héritées des Romains ; le fenouil, consommé surtout en Italie, devint alors un mets très apprécié de la cour.

On dit que les serpents s'en frottaient les yeux à l'époque de la mue pour fortifier leur vue.

Hérisson de fenouil à l'aneth

Prendre un petit fenouil bien lavé, découper des tranches très fines sans les détacher de la base.
Pour le faire bien s'ouvrir, trempez-le dans un saladier d'eau fraîche. L'égoutter et arroser le hérisson obtenu avec de l'huile d'olive, un jus de citron, du gros sel moulu, puis couper aux ciseaux de l'aneth par-dessus.
On peut poser le hérisson sur une cuillère de fromage blanc ou, mieux encore, de ricotta.

L'école de Salerne

L'école de médecine de Salerne fut très célèbre en Europe au Moyen Âge (XIe-XIIe siècles). Elle fondait ses connaissances sur des écrits grecs et arabes et, grâce à de petits textes en vers, éduquait et transmettait des conseils sur l'hygiène, l'alimentation, l'utilisation des herbes : aneth, anis, coriandre, fenouil, gingembre, menthe, oignons... Les auteurs anonymes communiquaient avec le lecteur d'une manière familière :

« Révérence ; mais que veux-tu ?
Ne sais pas bien qu'à l'Eschole
On parle de tout sans bricole ? »

Magie ou phytothérapie ?

Les chansons de geste témoignent de jonchées de végétaux odorants embaumant l'atmosphère et protégeant le noyau familial – dans les simples bergeries comme dans les châteaux.
On accrochait sur les poutres des maisons des bouquets parfumés qui chassaient les mauvais esprits. Quelques graines de fenouil disposées savamment devant la porte d'entrée avaient même la réputation de faire fuir les fantômes ! Par la diffusion de leur parfum, ces jonchées repoussaient les nuisibles et pouvaient ainsi éviter la propagation des épidémies.
En Provence, buis, romarin et sauge entraient dans la préparation d'un engrais servant à fertiliser les sols fragiles.
Encore aujourd'hui, au moment des grandes célébrations religieuses, en Espagne, en Grèce et au au Portugal, le sol des églises est recouvert par les fidèles d'un tapis odorant.

Hysope

Hyssopus officinalis

Famille des labiées

Jardin pratique

Vivace

Description :
petit buisson de 20 à 30 cm, feuilles étroites formant une étoile autour de la tige, fleurs d'un bleu vif ou rosé en épis terminaux.

Reproduction :
semis en mars, transplantation en avril, boutures au printemps ou à l'automne.

Culture :
terre calcaire assez riche en humus et bien drainée, plante de rocaille idéale.

Durée de la culture :
rajeunissement de la plantation tous les trois ou quatre ans, par éclats des pieds.

Exposition et ambiance :
plein soleil, déteste l'humidité.

Récolte :
cueillette du sommet des tiges en juin et septembre.

Nom populaire : hiope.
Elle pousse généralement sur des coteaux arides.
On peut la confondre avec la lavande et le romarin.

Hysope, l'herbe sacrée des Hébreux, l'*esobh* maintes fois citée dans la Bible, est associée aux rites de purification au moment des aspersions. Elle symbolise l'humilité et la sagesse retrouvée. Dans l'Évangile selon saint Jean, le rameau présenté au Christ en croix est une branche d'hysope. Amicale ou malfaisante, aussi belle que menaçante, l'hysope a, comme l'absinthe, une réputation sulfureuse… une vraie plante de sorcière.

« Vous m'aspergerez avec l'hysope, et je serai purifié. »

« *Le Prophète* », Le Cantique des cantiques, *psaume 50. 9*

D'une saveur âpre et amère, d'odeur forte, l'hysope a été utilisée dès l'Antiquité et le Moyen Âge pour parfumer les soupes et les farces. Aujourd'hui, elle entre dans la fabrication de liqueur et continue d'être utilisée comme condiment.

Le point de vue de l'herboriste

Ses propriétés toniques et stomachiques s'apparentent à celles du thym, de la sarriette et du romarin. Les personnes nerveuses doivent cependant l'utiliser avec prudence, car elle contient une essence toxique capable de provoquer des crises d'épilepsie. On l'utilise surtout dans les affections des voies respiratoires comme fluidifiant ; grâce à ses principes aromatiques et antiseptiques, elle nettoie et assèche les muqueuses, et facilite la respiration. Comme la sauge, elle aide à lutter contre la transpiration ; enfin, sa décoction en compresse guérit les contusions violentes.

Les anciens faisaient une grande consommation de cette plante. En Grèce mycénienne, l'hysope servait aussi à fabriquer des parfums. Pour des offrandes à la déesse Héra et au dieu Hermès, les parfumeurs de Pylos l'utilisaient dans des mélanges somptueux associant arôme de fruits et arôme de fleurs. Au temps de l'empereur Vespasien, elle entrait dans la composition des encens, des gommes, des huiles aromatiques. Des secrets de fabrication jamais dévoilés, car ces parfums étaient destinés aux dieux.

« L'hysope procure un teint florissant, chasse les humeurs mauvaises et les vers. »

Avicenne, médecin arabe du XIe siècle

La fuite des esprits

Aujourd'hui, l'hysope est absente de notre cuisine, et pourtant c'est un excellent aromate. Elle est surtout utilisée, avec la mélisse et l'angélique, dans la fabrication de la Chartreuse, l'élixir végétal élaboré depuis trois siècles par les moines chartreux de Voiron, près de Grenoble. On extrait d'abord les « esprits », c'est-à-dire les arômes contenus dans les racines, les graines et les écorces de la plante. Ces arômes, la plupart du temps fugaces, sont fixés par l'eau-de-vie. La plante doit macérer dans l'alcool quelque temps, on procède ensuite à sa distillation. Cette technique très ancienne permet de lui conserver toutes ses propriétés. Au fil du temps, pour améliorer le goût de cette liqueur, on a mélangé jusqu'à une dizaine de variétés de plantes, qui contribuent à enrichir son parfum.

« La distillation en général est l'art d'extraire les esprits des corps. »

Dejean, maître-distillateur de Louis XV, 1753

Laurier

Laurus nobilis

Famille des lauracées

Jardin pratique

Persistant

Description :
arbre de 3 à 4 m de hauteur, tiges cylindriques dressées, divisées en rameaux, feuillage persistant, rigide, fleurs blanc jaunâtre en avril-mai, baies vertes, puis bleues.

Reproduction :
semis et multiplication par boutures et par marcottage, rejetons dans la terre humide.

Culture :
supporte bien la taille, moyennement rustique, craint le gel.

Exposition et ambiance :
plein soleil, protégé du vent, terrain riche, bien drainé et humide.

Récolte :
tout au long de l'année, faire ensuite sécher les feuilles dans un endroit sec et aéré.

Le point de vue de l'herboriste

Les feuilles stimulent tout l'appareil digestif, et jouent un rôle anti-infectieux et bactéricide. En infusion, elles soulagent les maux d'estomac et les ballonnements.
Les baies sont utilisées en usage externe, pour en faire un baume ou une huile qui soulagera les douleurs rhumatismales.
Il ne faut toutefois pas en abuser, car elle peut s'avérer toxique et dangereuse. On ne confondra pas le laurier noble avec d'autres espèces appelées fâcheusement lauriers, par exemple le laurier-cerise (prunus laurocesarus), *le laurier-rose* (nerium oleander), *ou le laurier-tin* (viburnum tinus), *qui sont des poisons.*

Gelée de coing au laurier et au poivre blanc

Éplucher et enlever le cœur de 2 kg de coings bien mûrs, puis les couper en quartiers. Mettre dans une casserole et mouiller à hauteur avec 1 litre de vin rouge. Porter doucement à ébullition et faire cuire environ 20 minutes jusqu'à ce que les fruits soient bien tendres. Égoutter soigneusement et passer les fruits au moulin à légumes (pas au mixeur). Ajouter 600 g de miel bouilli et écumé par kilo de purée de fruits. Faire cuire à feu très doux la purée et le miel mélangés et laisser réduire. Arrêter la cuisson lorsqu'une goutte de ce mélange, légèrement translucide, versée sur une assiette, fige rapidement. À la fin de la cuisson, ajouter le mélange d'épices (voir ci-contre) finement pilé. Verser sur une plaque en une couche de 1,5 cm d'épaisseur environ et laisser sécher quelques jours. Pour servir, découper en losanges, les poser sur des feuilles de laurier fraîches, saupoudrer de sucre glace et de poivre blanc au moulin.

Mélange d'épices
- 20 g de feuilles de laurier séchées et pilées
- 10 g de cannelle
- 5 g de clous de girofle
- 10 g de gingembre

Laurus nobilis : *laurus* était le nom du laurier chez les Romains, et *nobilis* signifie « noble ». Les noms populaires du laurier sont : laurier sauce, laurier des césars, laurier franc, laurier vrai, laurier d'Apollon. Les dieux, afin de protéger la nymphe Daphné des assauts amoureux d'Apollon, la transformèrent en végétal parfumé, le laurier. Dépité, Apollon prit cet arbre pour emblème en déclarant : « Puisque tu ne seras jamais à moi, je fais de toi mon arbre et désormais tu orneras ma tête et mes carquois. »
La légende veut qu'après avoir vaincu Python, le serpent monstrueux qui gardait l'oracle de Delphes, Apollon pénétra dans cette ville le front ceint de lauriers. Dès lors, cet arbre devint pour les Grecs le symbole de la victoire, de la célébrité et du respect. Les Romains étaient persuadés que le laurier protégeait de la foudre. C'est pourquoi on trouve encore de nos jours un laurier adossé aux murs des maisons.
À Rome, Jules César sollicita du Sénat l'honneur d'en porter une couronne lors de ses triomphes. Il est associé au symbole de gloire acquise par les armes, ainsi qu'au mérite des belles-lettres. Jadis, aux distributions solennelles des prix, les lauréats recevaient une couronne de feuilles ornées de ses baies. Cette distinction appelée *bacca laurea* a donné notre « baccalauréat ».

L'herbier de Linné

Au XVIIIe siècle, le naturaliste suédois Carl Linné établit pour la première fois un classement des différentes espèces végétales. Il constitua un herbier conservé à la *Linnaean Society* de Londres et détermina pour chaque plante son genre et son espèce. Cette classification en latin, toujours en usage de nos jours, fut adoptée par les naturalistes du monde entier et contribua à faire évoluer cette science nouvelle, la botanique.

Utilisé jadis pour assurer une meilleure conservation des aliments, le laurier sert surtout aujourd'hui en cuisine pour le délicieux parfum qu'il dégage. On le trouve dans les bouquets garnis, il accompagne la plupart des sauces et entre dans la préparation des pâtés. On peut également faire bouillir ses feuilles dans le lait pour aromatiser les gâteaux de riz et les gâteaux de semoule.

Recette contre la grippe
Verser dans 1 demi-litre d'eau 10 feuilles de laurier, 5 clous de girofle, 5 feuilles de camomille, 1 demi-bâton de cannelle.
Faites bouillir 3 minutes. Laisser infuser 10 minutes.
À consommer dès que l'on se sent fébrile.

Le balai de laurier

Selon les grimoires de magie noire, les sorcières mâchaient des feuilles de laurier pour voler dans les airs. Le laurier était aussi connu pour ses vertus narcotiques qui pouvaient favoriser l'état de transe et donner un sommeil peuplé de visions et d'hallucinations faisant croire aux sorcières qu'elles s'envolaient pour le sabbat... En Espagne, les prophétesses jetaient des branches de laurier sur un lit de braises et lisaient l'avenir dans les fumées qui s'en dégageaient. Dans les pays musulmans, cet arbre protège les maisons, les hommes, les animaux et les outils – on attache, par exemple, une branche de laurier au manche de la charrue –, il protège des mauvais esprits.

« Le mal étant causé par la lune,
prenez, à l'heure de Mars et de Mercure
ses ennemis, le fruit du laurier,
en faites une poudre
et en donnez à boire le poids de
deux drachmes de vin aromatique. »

Albert le Grand (vers 1193-1280)

Le savon d'Alep

Le plus ancien des savons naturels, *El Melaki,* contient des huiles de baies de laurier.
Dans des chaudrons de cuivre, les savonniers d'Alep, en Syrie, mélangent de l'huile d'olive deuxième pression à froid et du beurre de laurier (l'huile de baies de lauriers). Ce beurre rétablit le film hydrolipidique de protection de la peau.
Le savon d'Alep, extrêmement doux, est particulièrement recommandé pour les peaux sèches et sensibles. Il peut se conserver très longtemps, car il a été exposé au soleil neuf mois durant sur les toits des caravansérails.

Marjolaine

Origanum majorana

Famille des labiées

Jardin pratique

Vivace

Description :
tiges dressées en rameaux,
feuilles ovales,
petites fleurs blanc rosé
de juillet à octobre,
groupées à l'extrémité
des rameaux.

Reproduction :
semis ou divisions
par touffes
dès l'arrivée du printemps.

Culture :
dans les endroits
arides et secs du jardin.

Durée de la culture :
plusieurs années.

Exposition et ambiance :
plein soleil,
peu d'arrosages.

Récolte :
cueillir les sommités fleuries
en pleine floraison l'été.

La vraie marjolaine est peu connue en France. On la confond souvent avec l'origan, qui pousse spontanément, lui, aux Indes, en Arabie et dans tout le Moyen-Orient.
La marjolaine dégage une odeur qui rappelle celle du thym – elle contient en effet du thymol.
Les Grecs en plantaient sur les tombes pour accompagner l'âme des défunts, et les femmes grecques aimaient à en imprégner leurs sourcils et leurs cheveux. Pline l'Ancien, dans son *Histoire naturelle*, rapporte aussi que les jeunes sportifs s'enduisaient d'huile parfumée à la marjolaine pour tonifier leur corps.

Les guérisseurs hachent de la marjolaine nouvellement cueillie, l'échauffent en la remuant à sec dans une poêle en fer. Ils en remplissent un petit sac en tissu et l'appliquent sur les parties douloureuses.

« Contre le rhume de cerveau, faire sécher de l'origan au feu, l'envelopper tout chaud dans un linge et s'en bien couvrir la tête. »

Docteur Chomel, XVIIIe siècle

Le point de vue de l'herboriste

Cette plante calmante vient à bout des insomnies les plus tenaces et apaise les anxieux. Elle soulage les affections des voies respiratoires, l'emphysème, l'asthme, les irritations variées. Son action antispasmodique vient en aide aux estomacs paresseux, combat l'aérophagie. La marjolaine est également intéressante dans les cas de toux nerveuses. Elle est diurétique et sudorifique et soulage les douleurs rhumatismales. C'est un antiseptique puissant. En usage externe, elle est vulnéraire, fortifiante et antalgique. Ne pas utiliser à doses excessives.

Aubergines marinées à la marjolaine

*Découper une belle aubergine non épluchée en six quartiers.
Faire bouillir dans une marmite deux litres d'eau
avec un quart de litre de vinaigre.
Plonger les quartiers d'aubergine dans le liquide bouillant
et les retirer quand la pointe d'un couteau pénètre
facilement dans la peau (environ 10 min).
Égoutter les aubergines
sur une grille et les disposer dans un grand plat
en les recouvrant avec de la marjolaine hachée
et de l'huile d'olive. Réserver au frais pendant 24 heures
et servir avec un jus de citron, du gros sel au moulin
et des lamelles de menthe fraîche.*

La marjolaine et l'origan ont les mêmes vertus. L'origan, de taille plus petite, est une marjolaine sauvage.

Noms populaires de la marjolaine : grand origan, marjolaine des jardins, marjolaine vraie.

Noms populaires de l'origan : marjolaine sauvage, marjolaine bâtarde, thé rouge, thym de berger.

Prés d'Oran, en Algérie, un tombeau abrite les restes d'une famille royale numide. Une légende raconte que ce tombeau recèle un fantastique trésor qui sera accessible à celui qui aura d'abord chassé tous les voleurs d'origan qui viennent faire leur récolte en ce lieu, car la plante y pousse en abondance.

Menthe

Mentha

Famille des labiées

Jardin pratique

Vivace

Description :
plante herbacée à tige dressée ou rampante à la base avec des feuilles opposées.

Reproduction :
en semis ou en boutures, multiplication aisée, grâce aux stolons envahissants et à leur facilité d'enracinement.

Culture :
touffes divisées au printemps en jeunes sujets munis chacun d'un fragment de rhizome.

Durée de la culture :
plusieurs années.

Exposition et ambiance :
ensoleillée, sol argileux, frais mais non humide, léger, riche en humus.

Récolte :
avant la floraison, les feuilles doivent être gardées dans un endroit sec.

Les menthes poussent à l'état sauvage et sont communes dans toute la France. Citons, entre autres espèces, la menthe Pouliot, la menthe coq et la menthe poivrée. Cette dernière, au parfum subtil, est l'objet d'une culture intensive.

La jalousie de Proserpine

Mentha vient de Minthe, nom d'une nymphe – divinité qui hantait les bois, les rivières et les montagnes – séduite par Pluton, le dieu des Enfers, et que Proserpine, sa compagne, jalouse, transforma en plant de menthe et piétina sauvagement.
Comme Pluton ne pouvait la ramener à la vie, il lui offrit l'odeur qu'on lui connaît.
Les Hébreux, séduits par l'arôme de la menthe, en firent un parfum. Les Romains, quant à eux, en aromatisaient leur vin ou la mâchaient avec du miel pour se rafraîchir.

Le point de vue de l'herboriste

La menthe poivrée est avant tout un tonique général. C'est pourquoi, à fortes doses, l'infusion de menthe empêche de dormir. C'est une boisson recommandée aux étudiants qui désirent veiller tard la nuit. En cas de fatigue générale, on peut mettre de l'essence de menthe dans son bain. Ses propriétés aphrodisiaques sont connues depuis l'Antiquité. Elle régularise les fonctions sexuelles et son parfum incite aux jeux de l'amour. C'est un tonique pour le système nerveux : à utiliser en cas de palpitations et de vertiges. Elle est aussi digestive et antispasmodique. À utiliser en voyage contre les nausées.

Rôties au chocolat et à la liqueur de menthe

Battre 2 œufs avec un demi-litre de lait et 100 g de sucre semoule. Faire tremper des tranches de pain d'environ 2 cm d'épaisseur dans le mélange et les retirer avant qu'elles ne s'écrasent. Faire fondre une noix de beurre dans la poêle et faire dorer chaque tranche en les saupoudrant de sucre semoule. Remplacer le beurre à chaque rôtie. Disposer dans une assiette le chocolat fondu tiède, la rôtie par-dessus et entourer le chocolat d'un filet de liqueur de menthe poivrée.

Liqueur de menthe

Pour 2 l de liqueur, laver 250 g de feuilles de menthe poivrée fraîche et les faire macérer dans 1 litre d'eau-de-vie à 40°, dans un bocal fermé hermétiquement, pendant deux semaines. Filtrer. Faire un sirop avec 1 kg de sucre et 1/2 litre d'eau et le verser sur l'eau-de-vie quand il est tiède. La liqueur de menthe n'étant pas verte, vous pouvez ajouter 1 cuillère à soupe de sirop de menthe pour la colorer.

Chocolat

Compter, par rôtie, 20 g de chocolat à 70 % de cacao. Verser dans un saladier le même poids de lait bouillant sur le chocolat et amalgamer l'ensemble avec une cuillère en bois.

Un philtre d'amour

La menthe a la réputation d'exciter le désir des amoureux. Les Grecs interdisaient aux soldats de consommer cette plante, car ses vertus aphrodisiaques étaient connues et nuisaient à la discipline des troupes. On dit même qu'elle était présente dans tous les philtres d'amour !

« À ceux qui étudient, une couronne de menthe tressée sur la tête est bonne pour l'esprit car elle réjouit l'âme. »

Pline l'Ancien

Pour ses multiples qualités, la menthe est consommée aujourd'hui dans presque tous les pays. En Orient, elle sert à désinfecter l'eau du thé. Le Japon est le principal fournisseur au monde d'essence et de menthol. En Asie, on l'utilise fraîche dans la nourriture. Traditionnellement, au Vietnam, un repas ne peut se consommer sans l'association du cru – herbes aromatiques –, du cuit – viande bouillie – et du fermenté – saumure citronnée et pimentée. En Europe, la menthe accompagne les sauces et les boissons, on l'utilise dans les tisanes, mais aussi en confiserie, en pharmacie, pour réaliser des liqueurs...

« Si on voulait énumérer complètement toutes les vertus, sortes et noms de la menthe, on serait capable de dire combien de poissons nagent dans la mer Rouge. »

Un moine du IXe siècle

Le thé à la menthe

Le thé, que les Anglais ont offert au sultan de Rabat en 1724, ne s'est répandu en Afrique du Nord qu'au milieu du XIXe siècle. Dans le monde musulman, pour entretenir de bonnes relations sociales, l'hôte propose à son invité de passage une boisson chaude à toute heure de la journée. C'est une marque de convivialité.
Dans les campagnes, les régions montagneuses et au Sahara, on a coutume de consommer des infusions de plantes. Les Bédouins font des décoctions sucrées avec des feuilles de divers cistes, parfois quelques feuilles de menthe fraîche. Aujourd'hui boisson très commune, le thé vert est, comme le café, aromatisé avec de la menthe, mais aussi de la sauge, de la marjolaine, du basilic...

Persil

Petroselinum sativum

Famille des ombellifères

Jardin pratique

Bisannuelle

Description :
plat (commun) ou frisé,
50 à 60 cm de hauteur,
feuilles vert clair
pétiolées ou frisées,
fleurs vert jaunâtre,
virant au blanc à maturité.

Reproduction :
semis à la volée,
de mars à septembre.

Culture :
éclaircir en tous sens,
sarcler, abriter sous châssis
par temps froid.

Durée de la culture :
trois mois environ.

Exposition et ambiance :
mi-ombre,
arrosages copieux et fréquents.

Récolte :
avant l'apparition des fleurs,
de juin à décembre.

Noms populaires :
persil cultivé,
persil des jardins,
persil odorant.

Le nom latin du persil, *petroselinum sativum*, vient de *petra*, « pierre », *selinum*, « persil » et *sativum*, « semé ».

Persil, petroselinum sativum

Le point de vue de l'herboriste

Pour profiter de tous les bienfaits du persil, dégustez-le cru. 20 g correspondent aux deux tiers de la vitamine C nécessaires à un adulte pour une journée. Cette herbe est aussi très riche en vitamine A et en oligo-éléments (fer et manganèse) ainsi qu'en calcium. De plus, le persil est emménagogue, c'est-à-dire qu'il provoque ou régularise les règles. Il soulage les douleurs. Autres vertus : sa racine agit sur les flatulences, soulage les rhumatismes et possède une action diurétique.

Oignons doux confits et sauce au persil plat

Envelopper dans du papier d'aluminium trois oignons par personne. On utilisera des oignons doux, jaunes ou rouges, de taille moyenne. Cuire au four à 180 °C pendant 90 minutes environ. Les éplucher en enlevant la peau caramélisée et en les gardant entiers. Mettre dans un plat, saler avec du gros sel au moulin, arroser avec la sauce au persil plat (voir ci-contre) et servir avec une salade de bouquets de persil, liés avec un brin de ciboulette.

Sauce au persil plat

Déposer dans un bol 1 botte de persil plat, lavé, essoré et haché avec les tiges, 2 filets d'anchois, 1 cuillère à café de vinaigre balsamique, 1 demi-verre d'huile d'olive. Mixer et délayer si nécessaire avec un peu d'eau.

Originaire du sud de l'Europe méridionale, le persil fut introduit en France à l'époque de Charlemagne. On distingue deux variétés : l'une cultivée pour ses feuilles, l'autre pour sa racine. C'est une plante très capricieuse qui met du temps pour germer et qui préfèrerait même, selon certains, les sols non labourés. Des jardiniers préconisent de simplement piétiner les graines pour les enfouir.

Une plante diabolique

Toutes sortes de légendes et de superstitions sont rattachées au persil. Selon la tradition populaire, le persil doit rendre plusieurs visites au diable avant de germer et ne poussera que s'il est semé par un homme droit et honnête – à défaut, par un innocent ou un enfant !

Le persil et le cerfeuil font partie de la famille des ombellifères. Ils sont si proches par leurs aspects et leur vertus qu'on les confond souvent.

Le persil et le cerfeuil communs à feuilles plates sont les plus parfumés. Le persil frisé, très vert, est moins goûteux.

Le nom latin du cerfeuil *Anthriscus cerefolium* vient de *anthriscum*, « sorte de plante », et *cerefolium*, « cerfeuil ».

Noms populaires : cerfeuil cultivé, cerfeuil des jardins, cerfeuil officinal.

Cerfeuil, anthriscus cerefolium

« Tout est poison, rien n'est poison »

affirmait Paracelse, célèbre médecin et alchimiste suisse (1493 - 1541). Sa théorie médicale s'appuyait sur les idées alchimistes d'analogie entre les diverses parties du corps humain (microcosme) et celles de l'univers (macrocosme), et fit scandale à son époque. Il contribua ainsi au développement de la chimie et probablement de l'homéopathie. En effet, Paracelse pensait que certaines plantes, prises à doses élevées, peuvent produire sur un homme sain des symptômes équivalents à ceux de la maladie à combattre.

Les Égyptiens utilisaient déjà le persil sauvage dans les affections des voies urinaires. La médecine du Moyen Âge le prescrivait pour « déboucher le foie et les reins, pousser le gravier et les urines, faciliter le mouvement des organes, entretenir et purifier la circulation du sang ».

La chasse aux sorcières

Autrefois, les sorcières qui voulaient jeter un sort arrachaient le persil avec la racine en prononçant le nom de la personne condamnée – d'ailleurs, transplanter du persil porte encore malheur aujourd'hui dans certaines régions. La connaissance des herbes appartenait à l'univers féminin, un savoir qui se transmettait de génération en génération. Parfois qualifiées de sorcières, les femmes étaient les guérisseuses ou les magiciennes de nos campagnes, celles qui envoûtaient au moyen de leurs philtres, de leurs sortilèges ou de leurs poisons… L'usage des plantes permettait à celles qui les connaissaient de faire des miracles.
Depuis l'Inquisition jusqu'à la première moitié du XVIIe siècle, dans de nombreux pays mais surtout en France, on a pourchassé ces femmes qui possédaient des pouvoirs « inspirés par Satan ». Par la suite, tout le monde fut suspecté. Des condamnations arbitraires furent prononcées sur de simples dénonciations : d'épouvantables injustices dues à l'ignorance.

Romarin

Rosmarinus officinalis

Famille des labiées

Jardin pratique

Vivace

Description :
sous-arbrisseau
pouvant atteindre
2 m de haut,
feuilles étroites,
fleurs bleues ou blanches
parsemées de taches violettes.

Reproduction :
par semis, boutures
et divisions des pieds
à l'automne et au printemps.

Culture :
maintenir le sol propre
et couper les branches mortes
au début du printemps.

Exposition et ambiance :
plein soleil,
lieux secs et arides,
dans les contrées méridionales,
sur les pentes caillouteuses et
dans les fentes des rochers.

Récolte :
cueillir les sommités fleuries
dès le printemps,
plusieurs récoltes possibles.

Pêche de vigne pochée au vin rouge et romarin

Mettre dans une casserole les pêches de vigne bien lavées, la queue vers le haut. Recouvrir avec du vin rouge, ajouter le sucre semoule et le romarin. Amener tout doucement à ébullition et faire cuire à feu doux pendant 5 à 10 minutes selon la maturité des fruits. Vérifier la cuisson avec la pointe d'un couteau. Les pêches ne doivent pas être trop cuites, sinon elles vont se défaire. Les poser ensuite délicatement dans un saladier, la queue vers le bas ; éplucher à la main dès que possible et réserver. Napper les pêches avec le sirop de vin au romarin (voir ci-contre) et recouvrir d'une couronne de romarin frais. Servir frais.

Rosmarinus officinalis : du latin *rosmarinus*, « rosée de mer ». Noms populaires : rose marine, encensier, herbe aux couronnes, romarin des troubadours.

Odeur camphrée d'encens, très aromatique.

Les troubadours chantaient leurs poèmes d'amour sur des luths en bois de romarin.

Ingrédients par personne

- 1 pêche de vigne
- Vin rouge
- 40 g de sucre semoule
- 1 gros bouquet de romarin

Sirop de vin au romarin

Après cuisson des pêches, faire réduire le vin avec le romarin jusqu'à obtention d'un sirop et le passer avec un chinois.

Le point de vue de l'herboriste

Très bon stimulant en cas de surmenage et de stress, il est aussi recommandé pour faire partir les migraines. Appelé « ginseng francais », le romarin stimule l'organisme en cas de fatigue physique et intellectuelle, cérébrale et sexuelle, et combat l'hypotension. Il active les fonctions du foie et de la vésicule biliaire. Il est efficace en cas de digestions lentes, difficiles, de fermentations intestinales. Dans l'eau du bain il rendra, dit-on, jeunes les vieillards. Attention, l'essence de romarin est toxique. Elle peut provoquer des crises épileptiques; ne pas l'utiliser de façon continue.

Chaldéens, Assyriens et Araméens cultivaient et consommaient quantité d'herbes aromatiques, notamment le romarin. En Grèce, le commerce des aromates était aussi important que celui des vins. Au moment des examens, les étudiants de la Grèce antique entortillaient des brins de romarin dans leurs cheveux, car il fortifiait, disait-on, la vue et la mémoire. Il est resté l'emblème du souvenir. Pour les Romains, c'était un génie bénéfique envoyé par Jupiter, et les prêtres brûlaient des rameaux en guise d'encens lors des cérémonies religieuses. La culture des plantes aromatiques dans les jardins potagers était aussi considérée par les riches Romains comme un loisir studieux. Inspirés par les « paradis » d'Alexandrie, ils mêlaient plantes ornementales et aromatiques, médicinales et condimentaires. Ils se sont donc dirigés naturellement vers l'aromathérapie. Le romarin doit ses lettres de noblesse à la fameuse Eau de la reine de Hongrie. Au XVIe siècle, la reine Isabelle de Hongrie « rajeunissait », paraît-il, en buvant chaque matin une préparation à base de romarin (voir ci-contre).

There's rosemary
That's for remembrance

Lors de son mariage avec Anne Hathaway, Shakespeare portait, attaché par un fil d'or, un rameau de romarin *(rosemary)*. À l'époque, cette cérémonie n'aurait pu avoir lieu sans ce symbole d'amour. Shakespeare connaissait bien la plante et l'a souvent nommée dans son œuvre.

« Pour vous, voici du romarin et de la rue.
Ils gardent apparence
et saveur tout l'hiver durant.
Grâce et souvenance à tous deux. »

Conte d'hiver *(1610), Shakespeare*

Eau de la reine de Hongrie

- 30 g de feuilles de romarin
- 10 g de feuilles de sauge
- 10 g de feuilles de mélisse
- 10 g de fleurs de lavande
- 10 g de feuilles de menthe poivrée
- 1 gousse de vanille coupée dans le sens de la longueur
- 1 bâton de cannelle émietté
- 1 zeste de citron non traité

Laisser macérer le tout pendant 15 jours en prenant soin d'agiter de temps en temps. Filtrer.

Madame de Sévigné disait de cette eau miraculeuse : « Elle est divine, je m'en enivre tous les jours, c'est une folie comme le tabac, je la trouve bonne contre la tristesse, c'est le soulagement de tous les chagrins. »

Sarriette

Satureia hortensis

Famille des labiées

Jardin pratique

Annuelle

Description :
herbacée de 20 à 30 cm de haut,
petites feuilles,
petites fleurs roses et blanches,
l'odeur et l'aspect rappellent le thym.

Reproduction :
semis à la volée,
en avril-mai.

Culture :
vivace et spontanée dans les régions chaudes,
éclaircir les plants.

Durée de la culture :
deux ou trois mois après le semis.

Exposition et ambiance :
plein soleil, terrains secs,
pousse naturellement dans les garrigues de Provence.

Récolte :
dès le mois de juin.

« Pour les chrétiens, les herbes médicinales devaient leur efficacité au fait d'avoir été trouvées pour la première fois sur le mont du Calvaire. Pour les anciens, les herbes devaient leurs vertus curatives à ce qu'elles avaient été découvertes pour la première fois par les dieux. »

Noms populaires : herbe de Saint-Julien, sarriette des jardins, savourée, sadrée, pebre d'ai.

On distingue deux sortes de sarriettes : la sarriette des jardins, plante annuelle d'un vert mat, et la sarriette vivaces *Satureia montana*, plante vivace à feuilles plus pointues et plus dures. Dès le Moyen Âge, ces deux espèces se sont répandues à partir des monastères bénédictins. En été, leurs fleurs produisent un abondant nectar très apprécié des abeilles. On cultive d'ailleurs la sarriette des jardins pour le miel, et on préfère la sarriette des montagnes pour l'usage médicinal et comme condiment.

On raconte que la sarriette redonne vigueur et imagination aux *pistachiers* fatigués (en Provence, les coureurs de jupon sont appelés *pistachiers*).

Le point de vue de l'herboriste

La sarriette possède à peu près les mêmes vertus que le thym et le serpolet : toniques, stimulantes et antiseptiques. La sarriette stimule l'estomac, régularise les contractions intestinales en empêchant les fermentations et apaise les spasmes. Autrefois, on mélangeait une infusion de sarriette avec un peu de vin pour composer un collutoire et ainsi soigner les angines, les aphtes et le muguet des nouveau-nés. Les propriétés de l'essence de sarriette font de cette plante un puissant antiseptique et antifongique. On l'utilise en lotions et compresses pour soulager les problèmes de peau.

Les Égyptiens et les Grecs échangeaient des jarres et des amphores d'huile contre des variétés de simples comme la sarriette, en provenance de Ligurie et de Provence. C'est au Ve siècle qu'apparaît le mot « aromate » dans le langage courant ; il désigne des plantes aromatiques ou des épices, utilisées pour leurs qualités savoureuses ou aphrodisiaques mais surtout pour leurs propriétés thérapeutiques. Ces plantes, aux essences fortes et tenaces, tiennent une place prépondérante dans la pharmacopée de l'Antiquité.

La sarriette parfume légumes, marinades, gibiers, sauces et salades, et en facilite la digestion. On met toujours un bouquet de sarriette dans l'eau de cuisson des fèves.

L'esprit des simples

Au XVe siècle, un certain nombre de plantes ont été appelées « simples », car elles correspondaient à un remède formé d'une seule substance, par opposition aux remèdes composés de la médecine savante. Déjà le *Livre des simples médecines*, rédigé au XIIe siècle à l'école de Salerne, recense dans le codex des apothicaires, véritable liste officielle des remèdes, pas moins de 428 plantes. Poussant à l'état sauvage, ces plantes ont toujours été connues et utilisées par les populations paysannes. Leurs vertus, transmises de génération en génération, participaient à la survie des paysans et à celle de leurs troupeaux. Par leurs déplacements, les pèlerins contribuaient à répandre la connaissance des simples. Ces plantes ont aussi été implantées dans les jardins des monastère et dans les maisons de nobles, jardin de médecine, jardin d'aromates, potager... Plus tard, la fonction médicinale des herbes aromatiques s'estompe et la sarriette entrera, avec d'autres herbes, dans la composition de philtres d'amour. C'est pourquoi on a interdit aux moines d'en cultiver de peur qu'ils ne rompent leur vœu de chasteté.

« Le Seigneur fait sortir de terre les simples ; l'homme sensé ne les méprise pas. »

« L'Ecclésiastique », Ancien Testament.

Rites de cueillette
Il était d'usage d'expliquer à la plante pourquoi on allait la cueillir. À la tombée du jour, on s'adressait à elle en ces termes : « Celle [la terre] qui vous a créée avec vos propriétés salutaires veut bien que je vous cueille, pour guérir... » On disposait alors au pied de la plante une pièce, une obole. Ces rites ne ressortissent pas seulement au domaine de la superstition, ils illustrent également le respect des hommes d'autrefois pour leur environnement, leur profonde conscience de l'unité du vivant.

Sauge

Salvia officinalis

Famille des labiées

Jardin pratique

Vivace

Description :
sous-arbrisseau buissonnant de 20 à 70 cm, feuilles vert blanchâtre persistantes en hiver, parfum camphré, fleurs d'un beau rose lilas.

Reproduction :
multiplication par semis au début du printemps et repiquage deux mois plus tard.

Culture :
plantation par bouture ou division des touffes.

Durée de la culture :
plusieurs années.

Exposition et ambiance :
plein soleil, terres chaudes légères, calcaires et rocailleuses, craint les gelées.

Récolte :
feuilles au printemps et à l'automne.

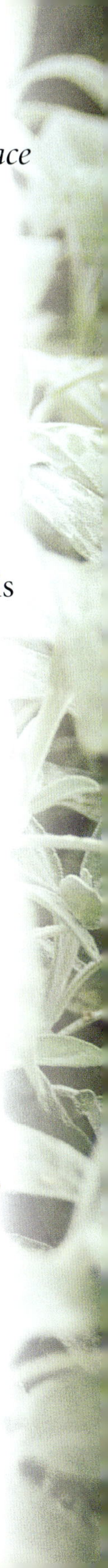

Noms populaires : sauge de Grèce, grande sauge, herbe sacrée, thé de France, thé de Grèce, thé d'Europe. Les Chinois raffolent de notre petite sauge qui parfume leur thé. Ils la fument également avec délice.

Le point de vue de l'herboriste

La sauge est la plante des femmes. Elle contient une hormone ovarienne, substance proche de la folliculine. Elle a le pouvoir de faciliter la conception et, prise un mois avant l'accouchement, en atténue les douleurs. Elle agit aussi sur les règles douloureuses et, enfin, combat les troubles de la ménopause. En revanche, l'huile essentielle est délicate à utiliser par voie interne, et totalement déconseillée chez la femme enceinte. L'essence de sauge, contenant de la thuyone, est très toxique et ne peut pas être administrée aux jeunes enfants et aux femmes qui allaitent.

« À la sauge revient l'honneur la première
de briller en ces lieux.
Doucement parfumée, chargée de vertus,
utile en breuvage, elle a été reconnue
salutaire à plusieurs maladies des hommes
et a mérité de jouir sans cesse
d'une verte jeunesse. »

Un moine bénédictin au Xe siècle

Il existe deux autres variétés de sauge, la sauge des prés et la sauge sclarée (*salvia sclarea*), qui possèdent à peu près les mêmes vertus que la sauge officinale.

Filets mignons de porc farcis à la sauge

Mélanger les feuilles de sauge fraîche avec le foie.
Ajouter le vinaigre de vin et hacher finement le tout.
Fendre dans la longueur un morceau de filet mignon de porc, saler et poivrer l'intérieur et l'extérieur.
Disposer dans la fente la fine tranche de poitrine ou de ventrèche et farcir avec le mélange à la sauge.
Maintenir fermé avec des piques en bois sur lesquelles on aura épinglé des feuilles de sauge fraîche.
Faire caraméliser rapidement dans une poêle, puis disposer dans un plat en ajoutant un verre d'eau.
Faire cuire au four à 180 °C pendant 20 minutes.
Arroser avec le jus pendant la cuisson.

Ingrédients
par personne
- 3 feuilles de sauge fraîche hachée
- 20 g de foie de volaille ou, mieux encore, de foie de porc,
- 120 g de filet mignon de porc en un seul morceau
- 1 cuillère à café de vinaigre de vin
- 1 fine tranche de poitrine ou de ventrèche

Les feuilles s'enroulent en séchant, et dégagent un parfum fort et balsamique.

Salvia salviatrix

Les femmes égyptiennes consommaient de la sauge en grande quantité dans l'espoir de devenir fécondes. Les Romains la considéraient comme une herbe sacrée. Ils devaient la récolter dûment lavés, purifiés, revêtus d'une tunique blanche, les pieds nus, sans utiliser d'outils en fer. Quant aux druides gaulois, ils lui accordaient le pouvoir de ressusciter les morts.

Qui a de la sauge dans son jardin n'a pas besoin du médecin.

Salvia vient de *salvare*, « guérir ». La sauge a la réputation de tout guérir. Elle se répandit en Europe en même temps que la bonne parole des bénédictins. En 795, Charlemagne ordonna, dans le *Capitulaire de Villis,* la culture de quatre-vingt-neuf espèces de plantes et d'arbres.
La sauge sera alors cultivée dans les jardins des nobles et autour des couvents. On lui prêtait le pouvoir de rendre immortel, et Louis XIV, qui s'en fit servir tous les jours, vécut soixante-dix-sept ans !
De nos jours, on recommande aux jardiniers de planter un pied de sauge pour rester en bonne santé.
L'aïgo boulido provençal est un très bon reconstituant. Pour réaliser ce potage, il suffit de faire bouillir de la sauge avec du sel, du poivre et cinq à six gousses d'ail dans de l'eau, pendant dix minutes. On le consommera très chaud. Depuis le Moyen Âge, la sauge entre également dans la composition des eaux de toilette et des parfums.

Le vinaigre des quatre voleurs

Au XVIIe siècle, lors de la grande peste de Toulouse, quatre voleurs pillaient les maisons et les cadavres sans attraper pour autant la terrible maladie.
Ils furent découverts, emprisonnés et condamnés à mort. Pour retrouver leur liberté, ils durent révéler leur secret. Ils s'enduisaient le corps d'un mélange d'herbes bactéricides – thym, lavande, romarin et sauge – macérées dans du vinaigre.
Un siècle plus tard, on utilisa la même recette pour se protéger, lors de la peste qui ravagea Marseille. Ce vinaigre aromatique « des quatre voleurs » demeura dans la pharmacopée officielle jusqu'au XIXe siècle.

Sureau

Sambucus nigra

Famille des caprifoliacées

Jardin pratique

Vivace

Description :
grand arbuste
de 4 à 5 m de hauteur,
feuilles ovales à 3, 4, ou
5 folioles, lancéolées,
floraison tardive spectaculaire,
quantité de corymbes
d'un blanc crème,
baies noires violacées à maturité.

Reproduction :
multiplication par semis,
bouturages
ou divisions de souches.

Culture :
peut pousser sur un sol pauvre,
le sureau est avide
d'azote et d'eau.

Durée de la culture :
12 à 15 ans.

Exposition et ambiance :
soleil ou mi-ombre.

Récolte :
manuelle,
dès les premières années.

Noms populaires : sus, suseau, susier, seuillon, saou, sambuc, hautbois, arbre de Judas.

Les Grecs et les Romains ont surtout utilisé le sureau pour ses vertus médicinales. Les Amérindiens employaient des compresses de sureau pour lutter contre le mal de tête, pratique encore usitée de nos jours en phytothérapie. Cet arbuste possède tant de propriétés, de la racine jusqu'au bout de la tige en passant par l'écorce, la feuille, la fleur et le fruit, qu'on l'a longtemps surnommé le « pharmacien de la maison ».

Le sureau tire son nom du latin *sambuca*, « sambuque » (une sorte de harpe), et *niger*, « noir ». L'histoire du sureau est aussi vieille que celle des hommes. Nos ancêtres de la préhistoire connaissaient déjà ses vertus. Plus tard, les Amérindiens ont utilisé le bois de sureau pour fabriquer des flèches et des calumets de la paix. En Europe, les pèlerins cachaient au creux du bâton de sureau économies et médications. On fabriquait des pipes en sureau, des sifflets, des flûtes et des sarbacanes, en évidant les branches cassantes de leur moelle blanche. Celle-ci servait de gomme aux écoliers. Aujourd'hui, en Corrèze, on fabrique encore en bois de sureau le « boufadou », sorte de soufflet qui permet d'attiser les braises du foyer.

Le point de vue de l'herboriste

Plusieurs parties de ce grand arbuste sont utilisées : l'écorce pour son action diurétique, légèrement laxative, soulageant les douleurs rhumatismales ; les feuilles, analgésiques, antihémorroïdaires, diurétiques, hémostatiques ; les fleurs, duirétiques, émollientes, légèrement laxatives, pectorales et sudorifiques – cette dernière propriété permet d'enrayer un état grippal en faisant tomber la fièvre ; les baies enfin, dépuratives, diurétiques, laxatives. Par ailleurs, le sureau est riche en vitamine C.

L'arbre à fées

C'est un arbuste de nos haies et de nos bois, un arbre à fées qui abritait de nombreux lutins, farfadets et gnomes qu'il convenait de protéger. Il était donc impossible d'arracher le sureau sous peine de s'attirer de graves ennuis. Planté près de la maison, il assurait la protection des habitants. Dans le calendrier celtique, divisé en treize mois chacun symbolisé par un arbre, le sureau représente le treizième mois de l'année. Il évoque à la fois l'hiver et la mort de la nature, le printemps et son renouveau. Il fait le lien entre la mort et la vie. Les baguettes magiques étaient en bois de sureau. Le balai des sorcières avait le corps en genêt et le manche en sureau. Mais son statut d'arbre protecteur va changer avec l'apparition de la chrétienté. Les esprits des fées seront peu à peu assimilés à des esprits diaboliques. Et il faut aussi se souvenir que Judas, après sa trahison, s'est pendu à une branche de sureau…

**« Je fais sentir les coups aux sorciers,
pourvu qu'on les batte
avec un bâton de sureau. »**

Cyrano de Bergerac *(1897), Edmond Rostand*

Pommes ananas
Des pommes conservées sur un lit de fleurs de sureau sèches peuvent être stockées deux mois dans une caisse en bois ; elles se pareront d'un léger parfum d'ananas, à condition de fermer hermétiquement la caisse et de bien alterner les couches de fleurs et de fruits.

Beignets de fleurs de sureau
Récolter des grappes de fleurs fraîches en conservant le pédoncule. Préparer une pâte à crêpes, y tremper les fleurs en les tenant par la queue. Passer dans la friture jusqu'à ce que l'ensemble soit doré et croustillant. Sucrer à volonté. Déguster chaud ou froid.

Thym

Thymus vulgaris

Famille des labiées

Jardin pratique

Vivace

Description :
sous-arbrisseau spontané, 30 cm de hauteur, feuilles très petites, fleurs roses groupées de juin à octobre.

Reproduction :
par semis ou division de pieds, à l'automne ou au printemps.

Culture :
par divisions de touffes ; ces plantes passent l'hiver en pleine terre.

Durée de la culture :
environ trois ans.

Exposition et ambiance :
plein soleil, terrains rocailleux, garrigues et maquis arides.

Récolte :
généralement durant l'année de la plantation.

Noms populaires du thym : farigoule, frigoule, barigoule et pote.
Noms populaires du serpolet : thym sauvage ou bâtard, thym rouge, serpoule, pillolet, poulier et poleur.

Le thym et le serpolet sont cousins et poussent spontanément dans les terrains secs et pierreux.

Le point de vue de l'herboriste

Le thym a de multiples vertus. C'est un stimulant général. Il est antioxydant, antiseptique, antispasmodique, aromatique, balsamique, cholérétique, digestif, diurétique, emménagogue, expectorant, stomachique, vermifuge et vulnéraire ! Ce n'est pas un hasard s'il s'agit de la plante la plus consommée en tisanes. Le thym contient une huile essentielle, le thymol, à l'énorme pouvoir bactéricide ; et les vapeurs de thym possèdent également cette qualité. Attention, l'huile essentielle peut être irritante pour certaines peaux. Le thym est déconseillé aux personnes qui souffrent d'hypertension.

Les apiculteurs plantent du thym près des ruches pour donner au miel un délicieux parfum.

On peut priser les feuilles de thym séchées : elles dégagent les voies respiratoires et arrêtent les hémorragies nasales.

Paracelse, célèbre médecin et alchimiste suisse, fabriquait avec le serpolet une liqueur qui « déliait la langue et faisait parler les muets ».

Thymus vient de *thymum*, « je parfume », allusion à l'agréable odeur que dégage le thym.

Les tiges du serpolet *(Thymus serpyllum)* sont rampantes - *serpere* signifie « ramper ». On l'appelle également thym sauvage ou en Provence, farigoule.

Le thym de l'ivresse

Pendant les banquets, les Grecs ne buvaient jamais le vin pur, mais ils le mélangeaient avec de l'eau, des plantes (thym, menthe, marjolaine), des épices et parfois du miel. Ils mêlaient même des aromates aux vins les plus réputés de Rhodes et de Thassos. Les herboristes romains utilisaient le poivre, le serpolet, le thym et la sarriette, riches en phénol, thymol et terpènes – qui rentrent dans la composition des huiles essentielles –, pour fabriquer des parfums.
Dans le Livre des prophètes d'Isaïe et d'Ézéchiel, on apprend que, à Jérusalem, le roi Salomon importait des huiles parfumées à la sauge, à la menthe, au thym et au basilic provenant d'Andalousie. Des huiles parfumées étaient utilisées lors du culte d'Aphrodite, déesse de l'amour et de la fécondité. Dans la Bible, on recense un grand nombre de plantes médicinales, dont l'ail, le laurier-rose, le cumin, la mandragore, les menthes, les orties et le thym. Adam, sur le point d'être chassé du Paradis, pleurait amèrement et suppliait Dieu de pouvoir emporter au moins quelques plantes aromatiques.

Le chaudron de jouvence

Les hormones végétales, issues de plantes, ne sont pas fabriquées dans le corps humain.
Elles peuvent stimuler le fonctionnement de certaines de nos glandes endocrines qui vont alors augmenter leur production d'hormones et ainsi aider à la prévention du vieillissement ainsi qu'à de nombreux malaises liés à la ménopause ou à l'andropause.
Ce n'est pas parce qu'elles sont naturelles que l'on peut les utiliser de n'importe quelle manière.
Parmi les phyto-modulateurs, on trouve l'igname, le soja, le trèfle rouge, le houblon, la verveine et le thym. Contrairement aux hormones classiques, les hormones végétales, en tant qu'extraits végétaux, ont bien d'autres propriétés que celles uniquement liées à leurs fonctions hormono-modulatrices. L'utilisation traditionnelle de ces plantes est préconisée notamment en cas de bouffées de chaleur, de douleurs rhumatismales, pour le bien-être et la forme, la digestion, leur activité antioxydante. Cependant, la connaissance des effets protecteurs de ces *hormones-like* – progestérone végétale, extraits de soja ou autres plantes – est très récente.
Il s'agit d'une voie de recherche prometteuse qui se développera en même temps que la recherche sur la nutrition ou les médicaments antivieillissement.

Verveine

Lippia citriodora

Famille des verbénacées

Jardin pratique

Vivace

Description :
arbrisseau d'environ 2 m de hauteur, feuilles opposées à pétiole très court, petites fleurs rose violacé groupées en épis terminaux.

Reproduction :
par bouturage en août, éclat de pieds à l'automne, marcottage au printemps.

Culture :
sols frais, consistants, perméables.

Exposition et ambiance :
ensoleillée et abritée.

Récolte :
au moment de la floraison et à la mi-octobre.

Noms populaires de la verveine citronnelle : verveine à trois feuilles, thé arabe, herbe Louise.

Noms populaires de la verveine officinale : herbe sacrée, herbe aux enchantements herbe de Vénus, guérit-tout.

Comment distinguer la verveine citronnelle de la verveine officinale ? La première a une forte odeur de citron, la seconde ne sent rien.

Le point de vue de l'herboriste

Différentes d'aspect, verveines citronnelle et officinale sont aussi différentes dans leurs composants. Toutefois, elles ont les mêmes propriétés digestives. L'huile essentielle, le citral, contenue dans la verveine citronnelle est un stomachique efficace, dont l'usage prolongé n'est pas dangereux. La verveine officinale contient une substance qui agit sur le foie. Elle est analgésique, anti-inflammatoire, sédative et antispasmodique. Elle fait partie des phytomodulateurs, et les essais cliniques actuels démontrent son efficacité.

La verveine citronnelle, *lippia citriodora* – de Lippi, botaniste du XVIIe siècle, et du latin *citriodora*, « à odeur de citron » –, fut introduite en Europe vers 1784 par les grands voyageurs. Originaire du Chili, elle n'est rustique chez nous que dans le Midi. La verveine contient une huile essentielle, le citral, employé en phytothérapie. À partir du XVe siècle, et sous l'influence des Italiens, les liqueurs commencent à être appréciées en France. La liqueur de verveine, élaborée à partir de l'essence des feuilles, est encore fabriquée de nos jours.

Les légendes sur la verveine officinale sont nombreuses. Originaire d'Europe, cette plante sauvage pousse sous tous les climats tempérés. Son nom vient du latin *verbenaca,* « verveine ».
Les druides et les ovates gaulois mêlaient des brins de verveine à l'eau de purification des autels pour chasser les mauvais esprits, jeter des sorts et prédire l'avenir. Dioscoride (médecin grec du Ier siècle) ne la considérait pas comme une panacée. Dès le Moyen Âge, cette plante sacrée devait sa réputation plus à la magie qui l'entourait qu'à ses vertus thérapeutiques. Elle entrait dans la composition des philtres et des amulettes. On la portait sur soi pour se protéger des épidémies de lèpre qui sévissaient alors dans le sud de la France.

La grande famille des verveines

Lippia alba, arbuste des coteaux et berges des cours d'eau, utilisé par les Mayas du Guatemala contre les diarrhées, dysenteries, fièvres, maux d'estomac, toux et vomissements.

Lippia chevalier, appelé « thé de Gambie », qui dégage une odeur camphrée.

Lippia geminata, ou thym sauvage des Antilles et du Brésil, utile pour son action sur les bronches.

Lippia graveolens ou *yerba dulce* du Mexique, connue pour son action antirhumatismale.

Lippia multiflora, antigrippale, stimulante dans la journée, mais pourtant sédative si on la consomme le soir au coucher.

Bibliographie

Bernard Bertrand, *Sous la protection du sureau,* 2000, Éditions de Terran.

Paul Faure, *Parfums et aromates de l'Antiquité,* 1987, Éditions Fayard.

Pierre Lieutaghi, *le Livre des bonnes herbes,* 1978, Éditions Marabout.

Jean Palaiseul, *Nos grand-mères savaient,* 1972, Éditions Robert Laffont.

Michel Pierre et Michel Lis, *Secrets des plantes,* 2000, Éditions Proxima.

Dr Dominique Rueff, *Hormones végétales,* 2000, Éditions Jouvence.

Dr Jean Valnet, *Aromathérapie,* 1972, Éditions Maloine.

Remerciements

Marie Delizy
Véronique Maury

Adresses

L'herboristerie du Palais-Royal
11, rue des Petits-Champs
75001 Paris

Conservatoire national des plantes médicinales et aromatiques
Tél : 01 64 98 83 77
91490 Milly-la-Forêt

Les Jardins du Prieuré Notre-Dame d'Orsan
18170 Maisonnais
Tél. : (00 33) 02 48 56 27 50

Éditions du Garde-Temps
106, rue Vieille-du-Temple, 75003 Paris
Tél : 01 44 78 84 77
Fax : 01 44 78 84 79